그리스·로마 설화 2
호두 속으로 들어간 드레스

메네라오스 스테파니데스 글
1923년 아테네에서 태어나 경제학을 공부한 저자는 수십 년 동안 〈그리스·로마 신화〉를 연구하는 과정에서 아름다운 설화를 발견하여 감성이 가득 담긴 〈그리스·로마 설화〉를 엮었습니다.

포티니 스테파니디 그림
1962년 아테네에서 태어나 미술을 전공했고 〈그리스·로마 설화〉로 BIB 국제 비엔날레 도서상을 수상했습니다.

이경혜 옮김
한국외국어대학교 불어교육학과를 졸업했고 어린이들을 위한 다양한 책을 번역하고 창작하였습니다.

그리스·로마 설화 2
호두 속으로 들어간 드레스

메네라오스 스테파니데스 글 | 포티니 스테파니디 그림 | 이경혜 옮김

1판 1쇄 인쇄 2024년 4월 1일 | 1판 1쇄 발행 2024년 4월 15일
펴낸이 정중모 | 펴낸곳 파랑새 | 등록 1988년 1월 21일(제406-2000-000202호)
편집장 서경진 | 편집 정혜연, 김보라 | 디자인 권순영
마케팅 김선규 | 홍보 최은서, 고다희 | 온라인사업 서명희
제작 윤준수 | 관리 고은정, 구지영, 홍수진
주소 경기도 파주시 회동길 152 | 전화 031-955-0700 | 팩스 031-955-0661
홈페이지 www.yolimwon.com | 전자우편 bbchild@yolimwon.com
ISBN 978-89-6155-481-7 74800, 978-89-6155-479-4(세트)

The dress that went into a walnut
Text copyright by Menelaos Stephanides
Illustration copyright by Photini Stephanidi All rights reserved.
Korean translation copyright arranged with Sigma Publications F.&D. Stephanides O.E.
through Shinwon Agency Co., Seoul.

이 책의 한국어판 저작권은 Shinwon Agency를 통한 독점 계약으로 파랑새에 있습니다.
저작권법에 의해 한국 내에서 보호를 받는 저작물이므로 무단 전재와 무단 복제를 금합니다.

어린이제품안전특별법에 의한 제품 표시
제조자명 파랑새 | 제조년월 2024년 4월 | 제조국 대한민국 | 사용연령 7세 이상

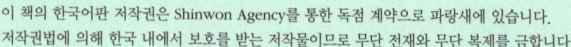

그리스·로마 설화 2

호두 속으로 들어간 드레스

메네라오스 스테파니데스 글
포티니 스테파니디 그림

파란새

나를 깨닫게 해 준 것은
바로 너희의 믿음과 사랑이다.
나는 지금까지 그 두 단어의 힘을
전혀 모르고 살아왔다.

옛날 옛날에 아들이 열 명이나 되는 왕이 있었어요. 왕은 그 사실을 매우 자랑스러워했어요.

"나는 아들이 열 명이나 있다!"

왕은 마치 자기가 세상에서 가장 힘센 지배자라고 뽐내듯 틈만 나면 아들 자랑을 했어요.

또한 왕은 궁궐 정원에 있는 사과나무에 대해서도 아들 자랑 못지않게 자랑하기를 좋아했어요.

그 사과나무의 쭉쭉 뻗어 나간 가지에서는 커다란 붉은 사과가 주렁주렁 열렸는데, 온 세상을 다 뒤져도 그보다 더 맛있는 사과는 없었거든요.

다른 왕국에서 손님이 찾아오면, 왕은 두 가지 일을 반드시 했어요. 하나는 손님들에게 열 명의 아들을 보여 주는 것이었고, 또 하나는 그 놀라운 사과를 선물하는 일이었지요.

그러던 어느 해였어요. 이상하게도 사과를 따 오라고 시종들을 보낼 때마다 매번 빈손으로 돌아오는 거였어요. 나뭇가지에 매달린 사과 중에 익은 사과가 하나도 없었기 때문이었죠. 왕은 걱정이 되어 안절부절못했어요. 그래서 왕실의 상담을 맡은 고문들과 의논을 해 보기로 했답니다.

"대왕 폐하, 그야 뻔한 일입니다. 누군가가 밤에 들어와서 빨갛게 잘 익은 사과들을 모두 따 간 게 틀림없어요. 보초를 세워 감시하고 도둑을 잡으십시오."

가장 나이 많은 고문이 말했어요.

보초를 세우라니? 왕에게는 용감한 아들이 열 명이나 있는데, 무슨 보초를 따로 세우겠어요?

왕자들이 얼마나 용감한지는 두고 보면 알게 될 거예요.

그날 밤, 왕은 왕자 두 명에게 정원의 보초를 서라고 명령을 내렸어요. 빨갛게 잘 익은 사과가 아무도 모르게 사라지는 이유를 알아내라고 말이에요.

두 명의 젊은 왕자는 황금 칼을 차고, 긴 창을 들고 정원을 지키러 거만하게 걸어갔어요.

어두운 그림자 속에 왕자들이 숨어 있는데, 어디선가 갑자기 쉿쉿거리는 소리가 들려왔어요. 곧 무시무시한 괴물이 왕자들을 향해 쿵쿵 다가오는 게 보였어요. 그 순간 왕자들은 겁에 질려, 칼을 뺄 생각조차 하지 못하고 토끼처럼 날쌔게 달아났지요.

왕자들은 숨을 헐떡거리며 돌아와서 말했답니다.
"아바마마, 무시무시한 괴물이 나타나서 밤마다 사과를 따 먹고 있습니다!"
"그렇다면 내일은 너희 넷이 가서 그 괴물을 죽여라."
왕은 명령했어요.
다음 날 밤 왕자들이 네 명이나 우르르 몰려갔지만, 괴물을 보자마자 하얗게 겁에 질려 모두들 다시 돌아오고 말았어요.

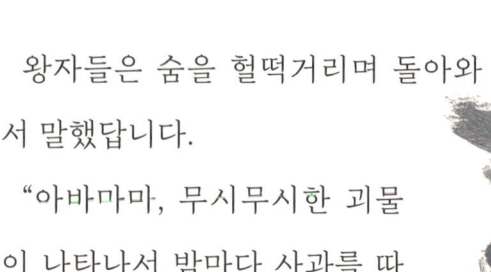

왕은 몹시 기분이 언짢았지만 괴물을 처치해야 했기에, 다음번에는 왕자 열 명을 모두 보내기로 결심했어요.

다음 날 저녁 왕자들은 모두 함께 떠났어요. 하지만 왕자들은 가다 말고 앉아서 그 문제에 대해 의논을 하였지요. 결국 끔찍한 괴물 따위는 찾으러 가지 않기로 결정을 내렸어요. 그 대신 선술집에 들어가서 밤새 먹고 마시고 춤을 추었지요. 달콤한 포도주와 기름진 고기는 왕자들 입맛에 딱 맞았어요.

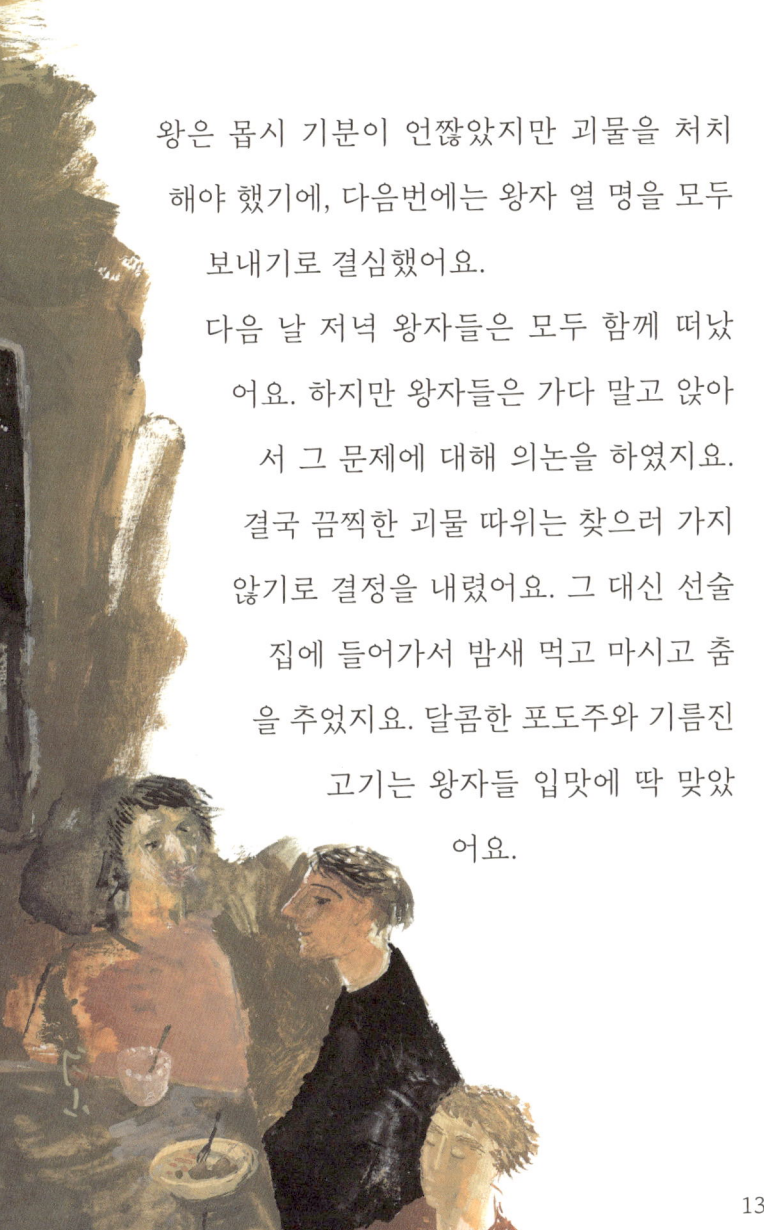

다음 날 아침, 왕자들은 왕에게 돌아가 말했어요. 정원에서 사과를 훔쳐 가는 괴물은 너무나 크고 무서운 놈이라 병사들을 몽땅 데리고 가도 물리칠 수 없을 거라고 말이에요.

왕이 왕좌에 앉은 채 화가 나서 붉으락푸르락해져 있을 때, 빨강머리가 나타났어요. 빨강머리는 궁전 식당에서 일하는, 머리 색깔이 붉은 젊은이였어요. 왕자들이 깔보며 그렇게 불렀거든요.

빨강머리는 열 명의 용감한 왕자가 몰려가서도 없애지 못한 괴물을 자기가 처치하겠다고 나섰어요. 그 말을 듣고 왕은 크게 웃었어요.

"하하하!"

빨강머리는 왕에게 머리를 숙이며, 한 번만 기회를 달라고 부탁했어요. 왕은 괴물을 죽이러 가겠다는 이 씩씩한 젊은이의 용기와 의지에 감탄을 하기는커녕, 그 젊은이가 살아 돌아오지 않기를 마음속으로 바랐어요. 그럴 리는 없겠지만 혹시라도, 식당에서 일하는 이 꼬마 녀석이 괴물을 죽이고 오는 날에는 왕은 미쳐 버릴지도 모르거든요.

그런 일이 생긴다면 멋진 열 명의 왕자들에게 씻을 수 없는 모욕이 될 것이기 때문에 왕은 왕자들에게 몰래 빨강머리를 따라가서 무슨 일이 일어나는지 보고 오라고 명령을 내렸어요.

밤이 되자, 그 젊은이는 정원으로 가서 몸을 숨기고 기다리다가 괴물이 다가오는 것을 보고 얼른 화살을 쏘았어요.

화살은 괴물의 등에 정확하게 맞았지요. 괴물은 고통에 겨워 비명을 질렀어요. 괴물은 사과를 하나도 따 먹지 못하고 아픈 몸을 질질 끌며 어둠 속으로 사라졌답니다.
 괴물은 발자국을 남기며 고통스러운 모습으로 점점 희미해졌어요.
 빨강머리는 조금도 겁먹지 않고, 멀어져 가는 괴물을 끝까지 쳐다보았어요.

날이 밝자 젊고 용감한 빨강머리는 괴물의 발자국을 찾아냈어요. 그는 발자국을 따라가서 괴물을 확실하게 처치하려고 마음먹었지요. 그러나 얼마 가지 않아 열 명의 왕자들이 우르르 몰려오는 바람에 젊은이는 걸음을 멈추어야 했어요.

"괴물이 제 화살에 맞았어요. 지금 뒤쫓아 가서 끝장을 내려고 합니다."

젊은이는 왕자들에게 말했어요. 말을 마치자

마자 그는 땅 위에 난 괴물의 발톱 자국과 상처에서 흘러내린 핏자국을 따라가기 시작했어요. 열 명의 왕자들은 그런 젊은이의 뒤를 따라갔지요. 물론 아주 바짝 따라간 건 아니었죠.

핏자국은 우물 앞에서 끊겨 있었어요. 괴물의 굴이 우물 밑에 있는 게 분명했어요.

"저를 밑으로 내려 주십시오."

빨강머리는 조금도 망

설이지 않고 왕자들에게 말했어요.

 열 명의 왕자들은 힐끔힐끔 서로 눈짓을 보냈어요. 그것은 마치 '빨강머리를 괴물에게 먹혀 버리게 하자!'라고 말하는 것만 같았어요. 왕자들은 재빨리 빨강머리의 가슴에 밧줄을 묶어 우물 속으로 내려보냈지요.

 바닥에는 물이라곤 한 방울도 없이 동굴만 있었고, 동굴 깊숙한 곳에 괴물이 몸을 동그랗게 웅크린 채 누워 있었어요. 빨강머리는 이번에는 정확하게 괴물의 머리를 맞혔어요. 괴물은 드디어 숨이 끊어졌어요. 그때 젊은이의 뒤쪽에서 사람의 목소리가 들려왔어요.

 "당신이 나를 구했어요!"

놀라서 돌아보니 그곳에는 숲속에 있는 샘물처럼 생기 넘치고 아름다운 아가씨가 서 있었어요.
"아니, 어떻게 여기로 내려온 겁니까?"
젊은이는 깜짝 놀란 목소리로 물었어요.
"아, 돌이켜 생각하기도 싫어요. 나는 세상천지에 가족이 없는 고아였지요. 어쩌다 악마 같은 사람들의 손아귀에 떨어져, 죽도록 매를 맞고 튀르키예 시장으로 가 노예로 팔렸답니다. 그러다 간신히 도망쳐서 사람들 눈에 띄지 않으려고 이 우물 속으로 기어 내려왔어요. 그런데 다시 올라갈 수가 없었지요. 다음 날 새벽이 되니까 저 괴물이 온 거예요. 괴물은

사람처럼 말을 했어요. 나를 잡아먹지 않겠다고 약속했지요. 하지만 나를 놔주지도 않았어요. 괴물은 늘 어여쁜 여자와 결혼하기를 기다려 왔대요. 나는 꼬박 일곱 낮과 밤을 여기에 있었어요. 그러다 이제야 겨우 살아나게 된 거예요."

아가씨가 말했어요.

"그럼, 이제 위로 올라가요."

젊은이가 말했어요.

그는 밧줄을 당기면서 위를 향해 소리쳤어요.

"괴물은 처치했어요. 그런데 여기 우물 속에 아가씨가 한 명 있어요. 이 아가씨부터 올린 다음에 밧줄을 다시 내려 줘요."

"그런데, 저 사람들이 당신도 끌어 올려 줄 거라고 믿어요?"

아가씨가 작은 소리로 물었어요.

"저 사람들이 왜 나를 여기에 남겨 두겠어요?"

"뭐라고 말할 수는 없지만……. 무언가 일이 벌어질 것만 같은 기분이 들어요."

"그럴 리가 없어요. 저들은 왕자들인걸요. 왕자들이 나를 무엇 때문에 겁내겠어요?"

"착한 사람들이라면 아무 일 없겠지요. 하지만 당신은 무서운 괴물을 죽인 사람이에요. 그들이 악한 사람이라면 당신을 두려워할지도 몰라요. 당신은 내 생명의 은인이니까, 내 말을 잘 들어요. 만약 저 사람들이 당신을 여기에 버려두게 되더라도, 한 가지 살아날 방법이 있답니다. 좀 있으면 양 두 마리가 올 거예요. 하나는 눈처럼 희고 또 하나는 숯처럼 검어요.

그러면 얼른 흰 양의 등에 올라타세요. 그 양이

당신을 밖으로 데려다줄 거예요. 그러나 검은 양을 타게 되면, 더 깊은 땅속으로 들어가게 돼요. 그렇게 되면 다시 돌아오는 게 아주 어려워지고, 영원히 나오지 못하게 될지도 몰라요. 어쨌든 여기서 나가게 되면, 꼭 나를 찾으러 와야 해요. 당신이 다시 한번 더 나를 구해야 할지도 몰라요. 왕이 나를 노예로 삼을까 봐 몹시 겁이 나거든요. 나는 당신을 기다리고 있겠어요. 아무리 오랜 세월이 흐를지라도요."

아무리 오랜 세월이 흘러도 자기를 기다리겠다는 그녀의 말에, 젊은이의 가슴은 기쁨으로 부풀어 올랐어요.

"나는 우리에게 나쁜 일이 일어나리라곤 생각하지 않지만 혹시 무슨 일이 생기더라도 나 역시 반드시 당신을 찾아내 행복하게 해 줄 겁니다. 그렇지만 지금은 걱정하지 말아요. 우리는 둘 다 구출될 거예요."

용감한 젊은이가 말했어요.

"그러길 바랄게요. 하지만 나는 믿지 않아요. 이 호두를 받아요. 이것은 물의 요정이 내게 준 거예요. 믿지 않겠지만, 그 속에는 웨딩드레스가 들어 있답니다. 주름이 아주 많이 잡혀 있고, 해와 달과 하늘의 모든 별들이 수놓인 드레스예요. 당신이 돌아오지 못한다면, 그 드레스는 나한테 아무 쓸모도 없어지겠죠. 당신이 그것을 내 손에 다시 쥐여 주는 날, 나는 그 옷을 입고 당신의 신부가 되겠어요."

아가씨가 말했어요.

"내가 만일 땅 밑 세상으로 떨어질지라도, 그래서 그 나라의 공주가 나와 결혼하겠다고 매달릴

지라도, 나는 반드시 돌아와 당신을 신부로 맞이할 겁니다."

 젊은이가 대답했어요. 그런 다음 젊은이는 아가씨의 허리에 밧줄을 묶었어요. 그러자 왕자들이 그녀를 끌어 올렸습니다.

 그녀가 걱정한 그대로의 일이 곧 벌어졌어요. 왕자들은 그녀의 아름다움에 넋을 잃고, 빨강머리를 우물 속에 버려둔 채 이 불행한 아가씨를 끌고 가려 했어요.

"이게 무슨 짓이에요? 우물에 내려가 괴물을 죽인 저 용감한 이를 어떻게 놔두고 간단 말이에요?"

 그녀는 절망적으로 외쳤지요.

"잘 들어, 아가씨. 괴물을 죽인 건 바로 우리야. 왕 앞에서 다른 말을 한마디라도 지껄이면 아가씨도 그길로 끝장이야. 좋든 싫든 우리가 말한 그

대로 해야 해. 그럼 모든 게 잘될 거야. 너는 우리 중 한 사람과 결혼을 해서 왕자비가 될 테니까."

그들은 위협적으로 말했어요.

"저 사람을 꺼내 줘요. 제발!"

그녀는 계속 소리를 질렀지만 아무 소용이 없었어요. 왕자들은 그녀의 말을 들은 척도 하지 않고, 막무가내로 끌고 갔어요.

왕궁으로 돌아온 왕자들은 자기들이 어떻게 괴물을 죽이고, 우물 속에 갇혀 있던 아름다운 아가씨를 구해 왔는지, 허풍을 떨며 이야기한 다음 덧붙여 말했어요.

"빨강머리는 무시무시한 괴물한테 산 채로 잡아먹혔어요. 아바마마, 이제 우리 중 누가 이 아름다운 아가씨와 결혼해야 할지 결정해 주시길 바랍니다."

"오, 자랑스러운 내 아들들아, 나는 너무 기쁘구나. 너희는 정말로 두려움이 없는 용감한 왕자들이다. 너희들은 존경받아 마땅하다. 빨강머리 때문에 아까운 눈물을 낭비하지 말거라. 그 녀석은 제 발로 가서 그 꼴을 당한 거니까. 아가씨는 태양보다도 더 눈부시게 아름답구나. 진정 왕비의 자리에 어울릴 만한 여인이니, 나의 신부로 맞이해야겠다."

왕이 대답했어요.

왕의 말에 왕자들은 서로 못마땅한 눈길을 주고받았어요. 아가씨의 마음 역시 납덩이처럼 무겁게 가라앉았어요. 하지만 그 말을 그대로 받아들일 수는 없었지요.

"폐하, 저는 제가 사랑하는 젊은이를 기다릴 것입니다. 만일 그가 돌아오지 못할 운명이라면 저는 절대로 결혼하지 않을 거예요."

그녀가 말했어요.

"누구도 다른 사람이 자신의 인생을 직접 결정할 권리를 빼앗을 수 없지요. 아무리 왕이라고 할지라도."

이렇게 말하는 아가씨의 눈빛은 그 어느 때보다 밝게 빛났어요. 목소리는 크지 않았지만 매우 당당한 말투였지요.

그러한 그녀의 대답에 왕은 가슴이 뜨끔하여 혼자 중얼거렸어요.

"내가 그동안 일곱 번이나 결혼했지만 지금껏 단 한 번도 나를 거절한 여자는 없었다. 그런데 이런 가냘픈 계집아이 하나가 감히 나를 거절하겠다니? 하긴 무어라고 떠들어 대든 상관없다. 중요한 것은 내가 원한다는 것이고, 나는 반드시 내가 원하는 대로 하고야 말 테니까."

그 무렵 우물 밑에 있는 빨강머리는 바위 틈에서 나티난 양 두 마리를 보았어요. 하나는 눈저럼 희고 하나는 숯처럼 검었지요. 빨강머리는 하얗게 빛나는 양의 털을 한 번 쓰다듬고는 재빠르게 흰 양의 등으로 올라탔어요.

그런데 그 양이 갑자기 다리 사이로 쏙 빠져나가고 말았어요. 그가 놀라서 엉거주춤하는 사이, 검은 양이 달려오더니 그의 다리 사이로 미끄러져 들어왔어요. 검은 양은 순식간에 그를 태우고

땅 밑 세상으로 내려가기 시작했어요. 한참 동안을 정신없이 달려 드디어 젊은이는 땅 밑 세상에 다다랐어요.

오, 이 일을 어쩌면 좋을까요! 아가씨가 그리도 신신당부를 했건만.

검은 양은 그를 성벽 바깥쪽에 내려놓고 사라져 버렸어요.

땅 밑 세상은 이상야릇하게 아름다웠어요. 하늘은 장미의 꽃잎 빛깔이었고, 구름은 파란 바다의 빛깔이었어요. 태양은 반짝이는 커다란 다이아몬드였고, 나무들은 저마다 모양과 색이 다른 커다란 꽃들처럼 생겼어요. 눈앞에 펼쳐진 도시는 꼭 동화 속에 나오는 곳 같았어요.

젊은이는 가장 가까이에 있는 아담하고 잘 가꾸어진 작은 집 앞으로 갔어요. 나이 든 여자가 친절하게 문을 열어 주었어요. 젊은이는 그 여자에게 마실 물을 부탁했어요.

"저런, 어쩌나! 우리 마을에는 물이 없는데! 끔찍한 괴물이 마법의 꼬리로 샘을 마르게 했거든. 위대한 예언자에 따르면, 괴물이 공주를 잡아먹어야만 물이 다시 나올 거라네."

"그래서 어떻게 했나요?"

젊은이가 물었어요.

"젊은이, 우리에게 무슨 다른 수가 있겠나? 우리는 목이 말라 죽고 싶지는 않았다네. 결국 우리는 눈 질끈 감고, 바로 오늘 아침에, 그 가여운 공주를 저 산 너머 커다란 샘물 옆 나무에 묶었지. 지금 우리가 바라는 거라곤 그 괴물이 죄 없는 공주에게 동정을 베풀어 살려 주는 것뿐이라네."

그 말을 듣자마자 용감한 빨강머리는 공주가 버려져 있는 산 너머로 달려가 수풀 속에 몸을 숨기고 기다렸어요. 밤이 되자 정말로 괴물이 나타났어요.

그는 계속 활을 겨누고 있다가 어느 순간 화살을 날렸지요. 화살은 괴물의 배에 맞았어요. 하지만 단단한 비늘 가죽을 뚫지는 못했답니다. 그는 다시 활을 겨누어 이번에는 머리를 맞혔어요. 이번에도 화살은 마치 바위에 맞은 것처럼 다시 튕겨 나왔어요.

"그래, 저 마법의 꼬리를 한번 쏘아 보자."

젊은이는 중얼거리며 세 번째 활을 꺼냈어요. 그는 휘둘러 대는 괴물의 꼬리 끝에 정확하게 화살을 맞혔어요. 드디어 해치운 거예요!

무시무시한 괴물은 바닥에 쓰러져 죽고 말았어요. 샘에서도 물이 다시 솟아 나오기 시작했지요. 빨강머리는 얼른 공주에게 달려가 밧줄을 풀어 주었어요. 젊은이는 공주를 데리고 산을 내려왔어요. 마을 입구에 이르자 그는 말했어요.

"이제 나는 가 봐야 합니다."

"안 돼요. 저와 함께 궁궐로 가요. 아바마마는 당신을 만나고 싶어 하실 거예요. 당신이 한 일에 대해서도 상을 주고 싶어 하실 거고요."

공주는 간절하게 부탁했어요.

"나는 여기 머물 수가 없어요. 땅 위 세상으로 돌아가야만 해요."

젊은이가 대답했어요.

"왜 땅 위 세상으로 가야 하지요? 그곳의 당신 왕은 참으로 나쁜 사람이잖아요? 여기 땅 밑 세상에는 나쁜 사람도 없고, 모든 것이 훨씬 더 아름다워요. 당신이 괴물까지 없앴으니 이제 이 나라에는 고통이나 슬픔도 하나도 없을 거예요."

"그럴지도 모르지요. 하지만 내 나라는 저 위에 있고, 내가 돌아가고 싶은 곳은 그곳이랍니다."

그는 이 말을 남기고 떠났습니다. 공주는 하는

수 없이 혼자 궁전으로 돌아갔어요.
 다음 날 아침이 되자, 왕의 전령들이 거리로 나와 소리쳤어요.

"괴물을 죽인 사람은 당장 궁전으로 오너라! 대왕 폐하께서 공주님을 그와 결혼시키려 하신다!"

그러나 용감한 젊은이는 우물 속에서 만난 아름다운 아가씨를 사랑했어요. 그는 왕이 자기를 찾는다는 것을 알고는 나이 든 여자의 작은 집으로 돌아가 자신을 숨겨 달라고 부탁했어요.

사흘이 지났는데도 아무도 나타나지 않자, 왕은 두 번째로 전령들을 내보냈어요. 역시 소용이 없었지요.

그러자 왕은 세 번째로 전령들을 내보냈는데 이번에는 이렇게 외치게 했어요.

"위대하신 폐하께서 우리의 도시와 공주님이 구출된 것을 기념하여 잔치를 베푸신다. 궁전 옆 대광장으로 한 명도 빠짐없이 모이라!"

사람들이 몰려오고 음식이 나오자, 병사들은 바깥에서 군중들을 뱅 둘러싸고는 아무도 음식을 집으로 가져가지 못하게 했어요. 그때 가방 속에 빵 한 조각을 슬쩍 집어넣으려던 나이 든 여자가 붙잡혔어요. 병사들은 왕에게 달려가 이 일을 알렸지요.

"당장 그 여자의 집으로 달려가서, 거기 있는 남자를 내게 데려오라."

왕이 명령했어요.

병사들은 나이 든 여자가 살고 있는 작은 집으로 달려갔어요. 그들은 거기서 머리카락이 붉은 젊은이를 찾아내서 궁전으로 데려갔어요.
 왕은 병사들이 데려온 훌륭한 젊은이를 보자마자 그가 괴물을 죽인 영웅임을 금방 알아보았지요. 왕은 확인하기 위해 딸을 불렀고 공주는 자기를 살려 준 젊은이를 단번에 알아보았어요.
 왕이 말했어요.

"나는 괴물을 죽인 자에게 내 딸을 주겠다고만 약속했다. 그러나 너에게는 내 왕관까지 주겠다."

"존경하는 대왕 폐하, 저는 저를 기다리는 여자에게 웨딩드레스를 가져가는 중입니다. 그 여자를 아내로 맞기 위해서이지요. 저는 왕관도 왕의 권력도 원하지 않습니다. 폐하께서 굳이 저에게 무엇이라도 해 주려고 하신다면, 땅 위 세상으로 올라가는 방법을 좀 가르쳐 주십시오. 그것만이 제가 원하는 것입니다."

젊은이는 몹시 미안해하며 대답했어요.

이곳 왕은 땅 밑 세상에 살고 있는 모든 사람들처럼 친절한 사람이었어요. 그는 그런 대답을 한 용감한 젊은이에게 존경하는 마음이 들었어요. 왕은 그런 젊은이가 자기 딸과 결혼하지 않고 떠나는 것이 몹시 아쉬웠어요. 그 젊은이는 대담하고 두려움이 없는 데다가 고귀한 영혼까지 지닌 사람으로 보였으니까요. 그런데 왕은 막상 젊은이가 바라는 것에 대해서는 아는 게 없었어요.

"그 부탁이 더 어렵군. 하지만 지혜로운 일곱 현자들이라면 조금이라도 도움을 줄 수 있을 거야. 자네를 그들에게 데려다주지."

왕은 빨강머리를 데리고, 일곱 명의 현자가 모여 있는 방으로 갔어요. 그들이 모두 모여 있는 것을 보고, 왕이 말했어요.

"부탁이 있어 왔소. 이 젊은이가 어떻게 하면 땅위 세상으로 갈 수 있는지 누가 말해 줄 수 있겠소? 이 젊은이가 바로 우리를 괴물로부터 구해 준 사람이오. 그러니 우리도 이 젊은이가 돌아갈 수 있도록 도와줘서 은혜를 갚아야 하지 않겠소? 그는 이곳에서 살 생각이 없는 모양이니……."

"제가 도울 수 있는 것이라고는……."
첫 번째 현자가 말했어요.
"이런, 저는 모르겠군요."
"사실은, 저도 몰라요."
두 번째 현자도 말했어요.
"저도 몰라요."
차례로 그런 대답이 나왔어요.
"위대한 일곱 권의 책 속에 혹시 그 방법이 있을지도 모르겠군요."
첫 번째 현자가 다시 말했어요.

"한 자, 한 자. 다 찾아봐요. 한 페이지도 남김없이, 꼼꼼히! 반드시 방법을 찾아내야만 하오."

왕은 현자들이 위대한 일곱 권의 책에서 답을 찾을 수 있도록, 명령을 내린 다음 자리를 떴어요. 젊은이는 걱정스러운 얼굴로 그대로 서서 기다리고 있었지요.

"찾았다!"

갑자기 현자 중 한 사람이 소리를 질렀어요.

"보세요! 이렇게 쓰여 있어. '땅 위 세상으로 가

려는 자는 갓 죽인 뱀의 도움을 받아야만 한다.'"

"다른 말은 없나요?"

젊은이가 물었어요.

"다른 말은 없소. 그게 전부요."

"나한테 말해 줄 게 그것뿐이라구요?"

"위대한 책이 일러 주는 충고는 위대한 거라오."

현자들은 대답했고, 빨강머리는 매우 실망한 모습으로 방을 나갔어요.

그는 어디로 가고 있는지 알지 못한 채 걷고 또 걸었어요. 한참을 걷다 피로에 지친 그는 나무 아래에 누웠어요. 나무 꼭대기에 독수리 둥지가 있는 게 보였어요.

"꺅! 꺅!"

갑자기 새끼들이 공포에 질려 우는 소리가 들려왔어요. 고개를 들어 보니 뱀 한 마리가 나무를 감

고 둥지를 향해 재빠르게 올라가고 있었어요. 하지만 뱀은 새끼들을 해치지 못했지요. 우리의 용감한 젊은이가 번개처럼 화살을 쏘았거든요. 죽은 뱀의 머리가 밑으로 툭 떨어졌어요.

잠시 후 거친 날갯짓 소리가 들려와 고개를 들어 보니, 머리 위에 커다란 독수리 두 마리가 맴돌고 있었어요. 그 독수리들은 둥지에 있는 새끼 독수리들의 어미와 아비였어요.

"그래, 바로 네놈이구나. 네가 계속 우리 아기들을 잡아먹었지? 그래서 우리는 아기를 키울 수가 없었단 말이야."

화가 난 독수리들은 칵칵 소리를 내며 그의 두 눈을 향해 날카로운 발톱을 뻗으려고 했어요.

"아냐! 아냐! 아빠, 엄마, 방금 이 용감한 사람이 뱀에게서 우리를 구해 주었어요!"

새끼 독수리들이 소리쳤어요.

독수리들이 내려다보니 새끼들 말대로 갓 죽은 뱀이 보였어요. 그러자 독수리들은 널따란 날개를 활짝 펴더니 젊은이가 그 아래에서 편히 잠들 수 있게 해 주었어요. 그 새들이 보기에도 젊은이는 몹시 지쳐 보였으니까요.

젊은이가 잠에서 깨어나자 새들은 무엇이든 돕

겠다고 말했어요.

"그래, 너희들에게 혹시 그럴 힘이 있다면, 나를 땅 위 세상으로 보내 주면 고맙겠구나."

빨강머리 젊은이가 말했어요.

"그것은 쉬운 일이 아닙니다. 하지만 당신이 저 뱀을 죽여 주었으니, 어떻게든 당신을 도와주고 싶군요. 자, 먼저 우리 둘 중에 아무 등에나 올라타세요. 우리가 당신을 데려다줄게요. 하지만 한 마리의 힘만으로는 모자라니까, 우리가 "캬!" 하는 소리를 낼 때마다 다른 독수리의 등으로 건너뛰어야만 합니다. 그렇게만 하면 우리는 번갈아 쉴 수 있으니까 당신이 원하는 곳까지 데려다줄 수 있을 겁니다."

독수리들이 말했어요.

젊은이는 한 독수리의 등에 올라탔어요. 그러자

독수리 두 마리가 함께 하늘로 힘차게 날아올랐어요.

한참 동안 날아가다 독수리가 "캬!" 하는 소리를 내면, 젊은이는 다른 독수리의 등으로 재빨리 건너뛰었어요. 비슷한 시간이 흐르면 다시 "캬!" 하는 소리가 들렸고, 그러면 그는 다시 건너뛰었지요. 땅 위 세상에 도착할 때까지 그는 열두 번이나 자리를 바꾸었답니다.

마침내 땅 위 세상에 다다랐어요. 독수리들은 저만치 도시가 보이는 곳에 빨강머리 청년을 두고 떠났어요. 거대한 두 마리의 독수리가 멀리 사라져 보이지 않게 되자, 그는 동네로 향하는 길로 들어섰어요.

땅 위로 오기는 했지만 그는 어느 방향으로 가

야 할지 알 수가 없었어요. 망설이던 그는 앞에 보이는 양복점 안으로 들어가 말했어요.

"주인장, 저를 조수로 받아 주시겠습니까? 저에게 먹을 것만 조금 주시면 됩니다."

재단사는 그를 안으로 들어오게 하고 조수가 되게 해 주었어요. 젊은이는 열심히 일을 했고 또 일

을 잘했지요. 하지만 시간이 지나도 아름다운 우물 속의 아가씨는 그의 머릿속에서 결코 사라지지 않았답니다.

그동안에도 아가씨는 여전히 궁궐에 갇혀 있었어요. 왕은 날마다 찾아와 결혼해 달라며 그녀를 괴롭혔어요.

"나와 결혼하면 너는 왕비가 되는 거다. 그러면 평생을 부유하고 명예롭게 편히 살게 돼. 그것 말고 무엇을 더 바랄 게 있단 말이냐?"

왕은 입만 열면 그 소리였어요.

그러나 아름다운 아가씨는 자신이 사랑하는 젊은이만을 늘 생각하면서, 왕에게서 도망칠 궁리만 하고 있었어요. 왕의 관심은 그녀를 하루하루 더 견디기 힘들게 만들었어요.

그러던 어느 날 왕이 그녀에게 말했어요.

"자, 내 말 좀 들어 봐, 나의 사랑스러운 아가씨. 원하는 게 있으면 무엇이든 말해 봐. 내 아내만 되어 준다면, 온 세상을 다 뒤져서라도 전부 해 줄 테니까."

이 말을 듣자 아가씨의 얼굴이 희망으로 빛났어요. 그녀는 대답했지요.

"간절히 바라는 게 한 가지 있긴 하지만 과연 그 소원이 이루어질 수 있을지……. 제 소원은 자글자글 주름이 잡혀 있고, 해와 달과 하늘의 모든 별들이 수놓인 웨딩드레스를 입고 결혼하는 거예요. 그 옷은 얼마나 곱게 짜여 있는지 접으면 호두 껍질 속에도 들어갈 수 있을 정도지요. 그리고 한 가지 더, 저는 이 선물을 제게 가져다주는 사람을 남편으로 맞이하고 싶답니다."

왕은 기뻐서 소리를 질렀어요.

"드디어! 이제야말로 너와 결혼할 수 있게 되었구나. 그 소망을 이루어 줄 수 있는 사람은 바로 나이니까. 오직 나만이 네 소망을 이루어 줄 수 있지."

"하지만 만일 폐하께서 해 줄 수 없다면요? 만일 다른 사람이 그렇게 해 준다면, 폐하께서는 웨딩드레스를 선물해 주는 사람과 제가 결혼해도 좋다고, 엄숙한 왕의 말씀으로 약속해 주실 수 있나요?"

"약속하고말고."

왕은 대답했어요. 그녀에게 그런 선물을 해 줄 수 있는 사람은 왕밖에 없다고 믿었으니까요.

왕은 당장 온 왕국에 선포했어요. 천 개의 주름이 잡혀 있고, 해와 달과 하늘의 모든 별들이 수놓여 있으며, 또한 호두껍질 속에 쏙 들어가는 웨딩드레스를 사흘 안에 만들어 내놓지 못하면, 왕국의 모든 재단사의 목을 잘라 버리겠노라고 말이에요.

  다음 날 아침이 되자, 나라 안의 모든 양복점에서 절망에 빠진 울음소리가 터져 나왔어요. 빨강머리를 조수로 받아 준 재단사도 희망 없는 눈물을 흘리며 앉아 있었어요. 그의 아내도 울었지요. 그의 아이들도 부모를 따라 울었고요.

그 무서운 사흘의 시간 중에서 첫째 날이 지나갔어요. 둘째 날도 거의 다 지나갈 무렵이었어요. 빨강머리 조수가 그들에게 다가와 말했어요.

"울음을 그치고, 내게 호두와 브랜디를 조금만 주세요. 그리고 내일 아침에 왕에게 웨딩드레스를 가져다주러 가요. 그러면 주인님도 살고 왕국의 다른 재단사들도 무사할 거예요."

재단사 부부는 얼른 달려가서 호두와 브랜디 한 병을 가져왔어요. 아몬드 조금과 꿀도 한 단지 넉넉하게 가져왔지요.

그래도 재단사는 마음을 놓을 수가 없어서 저녁이 되자 살그머니 내려가 조수가 과연 드레스를 만들고 있는지 몰래 살펴보았어요. 그랬더니 그 젊은이는 어이없게도, 드레스를 만들기는커녕 가만히 앉아서 아몬드와 호두를 와작와작 씹어 먹

으며, 브랜디만 벌컥벌컥 들이켜고 있었어요. 재단사는 절망에 빠져 머리를 흔들며 침대로 돌아가 울음을 터뜨렸어요.

그토록 두려워하던 마지막 날의 아침, 재단사가 일어나 가게로 내려가 보니 조수는 아직도 쿨쿨 잠만 자고 있었어요.

"모든 게 다 끝났어!"

재단사가 신음 소리를 내자 조심스럽게 그를 지켜보던 그의 가족들은 다시 또 울음을 터뜨렸어요. 남은 일이라고는 왕의 명령으로 목이 잘리는 죽음뿐이었죠.

울음소리 때문에 잠에서 깬 젊은이는 세수를 하고 옷을 다려 입더니 재단사에게 다가가 조용히 말했어요.

"자, 이제 왕에게 웨딩드레스를 주러 갈 시간이

에요."

"웨딩드레스라니, 무슨 웨딩드레스? 아예 정신이 나갔구나. 대체 드레스가 있기는 어디 있단 말이냐?"

"어디 있긴 어디 있겠어요? 당연히 호두껍질 속에 있지요."

조수는 주머니에서 우물 속 아가씨가 준 호두를 꺼내 열어 보였어요. 그 속에는 정말로 드레스가 들어 있었지요.

젊은이의 손에서 빛나고 있는 그 옷은 믿을 수 없이 아름다웠어요. 재단사는 기뻐서 제정신이 아니었고, 가족들은 서로 얼싸안고 너무나 좋아서 눈물을 흘렸어요.

빨강머리는 호두 속에 다시 드레스를 집어넣은 다음 주머니에 넣었어요.

"왕에게는 내가 가져다줘야지."

재단사가 주장했어요.

물론 이 재단사는 나쁜 사람이 아니었어요. 하지만 젊은이는 지난 경험을 통해서 배운 것이 있었지요. 그는 다시 생각을 해 보았어요.

'나는 열 명의 왕자들도 나쁜 사람이라고 생각하지 않았지. 하지만 그들이 나를 우물 속에 어떻게 내버려두었던가.'

그는 주머니에서 다른 호두를 하나 꺼내 재단사에게 주면서 말했어요.

"좋아요. 여기 있습니다. 왕에게는 함께 가도록 해요."

약속한 시간이 되자, 왕은 궁전에서 초조하게 기다리고 있었어요. 왕의 옆에는 그 아름다운 아가씨가 서 있었어요.

그녀는 과연 용감한 그 젊은이가 자기의 웨딩드레스가 담긴 호두를 가지고 나타날 것인지 궁금해 견딜 수가 없었거든요.

충분히 시간이 흐른 다음, 전령들은 나팔을 불었어요. 거대한 궁궐 문이 활짝 열렸지요. 재단사와 불타는 듯한 빨간색 머리의 젊은이가 궁전 안으로 걸어 들어왔어요.

생명의 은인을 만난 아가씨의 얼굴은 기쁨으로 환히 빛났고, 왕의 얼굴은 죽은 사람처럼 하얗게 변했어요.

"어떻게 여기에 나타난 것이냐, 빨강머리 젊은이여? 너는 괴물한테 잡아먹힌 걸로 알고 있는데."

왕이 물었어요.

"폐하, 괴물은 왕자들이 아니라 제가 죽였습니다."

"감히 그따위 말을 지껄이다니! 너는 내 용감한 아들들을 모욕하면 어떤 대가를 치르게 되는지 알고 있느냐?"

그때였어요. 아가씨가 왕의 말을 가로막고 나서며 말했어요.

"지 사람의 말이 맞아요. 폐하, 대가를 치러야 할 사람은 바로 폐하입니다. 그것도 단단히! 괴물을 죽이고 굴속에 갇혀 있던 저를 구해 준 것은 바로 이 젊은 영웅이었어요. 그게 진실이에요."

그녀는 왕에게 그동안 벌어졌던 일을 사실대로 다 말했어요. 열 명의 왕자가 강제로 자기에게 아무 말도 못 하게 했다는 것도 밝혔답니다.

그 말을 듣자 왕은 화가 치밀어 아들들 쪽을 돌

아 보며 소리를 버럭 질렀어요.

"여기서 당장 사라져라! 다시는 내 눈앞에 얼씬 거리지도 말아라!"

왕은 병사들을 시켜 왕자들을 궁전에서 쫓아내 버렸지요.

그런 다음, 재단사와 용감한 젊은이를 돌아보며 물었습니다.

"그럼 이곳엔 무엇을 가져왔지? 혹시 드레스를 못 가져온 건 아니겠지?"

"그럴 리가 있나요, 존경하는 대왕 폐하."

재단사는 깊이 머리를 숙인 채 말하며 호두를 왕에게 건네주었어요.

"오, 신이여, 감사합니다!"

왕은 재단사가 준 호두를 어루만지면서 그제야 겨우 마음을 놓고 한숨을 내쉬었어요.

"폐하! 저도 이 아름다운 아가씨에게 호두 하나를 주고 싶습니다."

젊은이는 대담하게 말하며, 왕의 대답을 기다리지도 않고 재빨리 주머니에 있던 호두를 아름다운 아가씨의 손에 쥐여 주었어요.

왕은 재단사에게 받은 호두를 깨서 열어 보았지요. 그 속에는 호두 알맹이밖에 없었어요. 그것도 썩은 호두 알맹이였답니다.

그 아름다운 아가씨가 자기의 호두를 열자 그 속에서는 눈부신 웨딩드레스가 펼쳐져 나왔어요. 그녀는 젊은이의 품 안으로 뛰어들었지요.

"이게 어찌 된 일이냐?"

화가 머리끝까지 치민 왕은 거의 폭발하기 직전이었지요.

"폐하께서는 제게 약속해 주셨지요. 웨딩드레스를 가져온 사람과 결혼해도 좋다고요. 여기 드레스가 있어요. 이 사람이 저한테 드레스를 가져다준 사람이고요."

아가씨는 침착하고 단호한 말투로 이런 말까지 덧붙였어요.

"이제 저희를 축복해 주세요."

그녀는 영웅의 손을 잡고 왕 앞에 당당하게 함께 섰어요.

왕은 자존심이 몹시 강한 사람이라 약속을 저버릴 수는 없었어요. 이제 어쩔 수가 없었기 때문에 마지못해 왕은 허락을 했지요.

"너희에게 축복을 내린다."

그러나 왕이 너무나 작게 웅얼거려서 그 소리는 거의 들리지 않았어요. 그 말을 겨우 끝내자마자 왕의 목소리는 다시 커다란 고함 소리로 바뀌었어요.

"그리고 네 이놈, 이 재단사란 놈아, 나는 너를 갈기갈기 찢어 죽이고야 말 테다!"

"안 됩니다. 이 사람은 우리 결혼식의 들러리를 설 사람입니다."

젊은이가 단호하게 말했어요.

이제 왕이 무슨 말을 할 수 있겠어요? 왕은 완전히 할 말을 잃고, 그 자리에 한참 동안 서 있었어요. 왕은 그렇게 선 채로 곰곰이 생각에 잠겼어요. 한참 동안 생각하고 또 생각하였지요.

마침내 왕은 굳게 결심을 하고 말했어요.

"나는 늘 내 마음대로 모든 것을 해 왔다. 그런데 이번에는 내가 졌다. 잘했다, 너희 두 사람! 온 마음을 다해 진심으로 하는 말이다. 나를 깨닫게 해 준 것은 바로 너희의 믿음과 사랑이다. 나는 지금까지 그 두 단어의 힘을 전혀 모르고 살아왔다. 너희 두 사람, 오래도록 행복하게 살기 바란다. 이 말 역시 내 진심이다."

왕은 잠시 그대로 서 있더니 다시 덧붙였지요.

"나는 너에게 왕의 자리도 물려주겠다. 지혜와 친절로 이 나라를 다스려라. 나는 이미 늙었다. 그 사실을 너무 늦게 깨닫긴 하였지만, 적어도 가장 알맞은 때 깨닫기는 한 것 같구나. 자, 모두들 서둘러라! 내일은 왕의 결혼식이 열릴 것이다!"

다음 날, 이 두 사람의 결혼식이 열렸지요. 모두들 기쁨에 넘쳐 아흐레 낮 아흐레 밤 동안 잔치를 벌이며, 흥겹게 춤을 추었어요. 기쁨의 노래가 언제까지나 울려 퍼졌답니다.

우리들은 모두 그 결혼식에 있었지요.
아흐레 밤 동안 잔치를 벌이고,
춤을 추면서 말이죠. 춤을 추면서 말이죠.

문해력을 키워주는
감성의 보물창고 <그리스·로마 설화>

여러분은 <그리스·로마 신화>에 대해 평소에 많이 들어 보았을 거예요. 상상력의 보물창고라는 별명을 가진 <그리스·로마 신화>는 고대 그리스에서 생겨나 로마 제국으로 이어지는 신들의 이야기입니다. 옛날 사람들의 상상 속에서 창조된 제우스, 헤라와 같은 신비로운 신들의 이야기인 <그리스·로마 신화>는 수천 년이 지난 현대사회에서도 마치 생명이 있는 것처럼 살아 숨을 쉬는 이야기로 여겨집니다. 이렇게 오늘날까지도 과학과 철학 그리고 예술 세계에 큰 영향을 미치고 있어 꼭 읽어야만 하는

<그리스·로마 신화>는 엄청나게 많은 신들의 세계가 복잡하게 얽혀 있는 커다란 규모의 이야기이기 때문에, 신화 속의 세계를 깊이 있게 이해하기 위해서는 세상에서 실제로 일어나지 않는 일을 마치 실제처럼 재미있게 엮은 이야기 즉, 전해져오는 상상의 이야기를 감성으로 이해할 줄 알고 익숙해져야 합니다. 그래서 신화와 함께 읽는 감성의 보물창고 <그리스·로마 설화>를 여러분에게 소개합니다. 지금부터 떠나게 될 <그리스·로마 설화>에는 바로 그런 옛날이야기들이 가득 담겨 있습니다. 특별한 민

족의 사이에서 조상들의 입으로 전승되어 오는 전설이나 민담의 이야기가 바로 설화입니다. 그래서 설화는 익숙한 옛날이야기 같기도 하면서 신화처럼 신비롭기도 하고, 마치 앞으로도 일어날 수 있을 것만 같은 상상의 세계를 감성의 보물창고로 열어주고, 신화를 읽기 위한 문해력을 풍부하게 성장시켜줍니다. 이제 상상력의 보물창고 <그리스·로마 신화>와 함께 읽는 감성의 보물창고 <그리스·로마 설화>를 통해 재미있는 보물찾기 여행을 함께 떠나 보세요.

감성의 문해력을 키워주는
《그리스 · 로마 설화》

제1권 의지와 행복
　슬픈 나이팅게일

제2권 진정한 용기
　호두 속으로 들어간 드레스

제3권 뚝심과 선량함
　대리석 공주

제4권 심술과 질투
　열두 달 이야기

제5권 지혜와 위로
　고양이와 아기 곰

제6권 자유와 선택
　물의 요정과 신비한 베일

제7권 죄의 의미
　상추 잎 한 장

제8권 아름다운 사랑
　백조와 미녀

제9권 돈의 의미
　세 가지 충고

제10권 진실과 거짓
　게으른 점쟁이

뇌과학자 정재승이 추천하는
인간을 이해하는 12가지 키워드로 신화읽기
《그리스·로마 신화》

제1권 키워드 권력
　제우스 헤라 아프로디테

제2권 키워드 창의성
　아폴론 헤르메스 데메테르 아르테미스

제3권 키워드 갈등
　헤파이스토스 아테나 포세이돈 헤스티아

제4권 키워드 호기심
　인간의 다섯 시대　프로메테우스　대홍수

제5권 키워드 놀이
　디오니소스 오르페우스 에우리디케

제6권 키워드 탐험
　다이달로스 이카로스 탄탈로스 에우로페

제7권 키워드 상징
　헤라클레스

제8권 키워드 미궁
　페르세우스 페가소스 테세우스 펠레우스

제9권 키워드 용기
　이아손 아르고스 코르키스 황금 양털

제10권 키워드 반전
　전쟁 일리아드 호메로스 트로이

제11권 키워드 우정
　오디세우스

제12권 키워드 독립
　오이디푸스 안티고네 에피고오니